Lebensbewältigung. Darstellung der Theorie anhand der Kriterien nach Füssenhäuser

GRIN ☺

Bibliografische Information der Deutschen Nationalbibliothek:

Die Deutsche Nationalbibliothek verzeichnet diese Publikation in der
Deutschen Nationalbibliografie; detaillierte bibliografische Daten sind
im Internet über http://dnb.d-nb.de abrufbar.

ISBN: 9783389039403
Dieses Buch ist auch als E-Book erhältlich.

© GRIN Publishing GmbH
Trappentreustraße 1
80339 München

Druck und Bindung: Books on Demand GmbH, Norderstedt Germany
Gedruckt auf säurefreiem Papier aus verantwortungsvollen Quellen

Das vorliegende Werk wurde sorgfältig erarbeitet. Dennoch
übernehmen Autoren und Verlag für die Richtigkeit von Angaben,
Hinweisen, Links und Ratschlägen sowie eventuelle Druckfehler keine
Haftung.

Das Buch bei GRIN: https://www.grin.com/document/1485766

Lebensbewältigung – Darstellung der Theorie anhand der Kriterien nach Füssenhäuser

Hausarbeit in der Sozialwissenschaft, M 1.3 Theorien der Sozialen Arbeit
an der Fakultät für Angewandte Sozialwissenschaften der Technischen Hochschule Köln

Inhaltsverzeichnis

Einleitung

Im Rahmen dieser Hausarbeit, die sich mit den Theorien der Sozialen Arbeit befasst, entschied ich mich für die Lebensbewältigungstheorie von Lothar Böhnisch. Durch den Ukraine-Russland Konflikt oder dem kürzlichen Erdbeben in der Türkei und Syrien, kommt einem immer wieder die Frage auf, wie schaffen es Menschen trotz kritischer Lebenssituationen das Leben zu bewältigen. Dieser Fragestellung widmete sich Lothar Böhnisch in seiner Theorie. Aufgrund dessen stellt die Lebensbewältigungstheorie von Lothar Böhnisch, einen wichtigen Grundbaustein der gegenwärtigen Sozialen Arbeit da. Desweiteren gibt die Theorie Einblicke in die psycho-dynamischen Aspekte des abweichenden Verhalten erkennen und erklären möchte. Das bedeutet, es werden nicht nur Ressourcen und ökonomische Faktoren analysiert, sondern eben auch die Botschaften, die hinter so einer Verhaltensweise steckt.

Das Besondere an dieser Theorie ist, dass grundsätzlich jeder von dieser Theorie betroffen sein kann. Das heißt es ist kein Sonderkonzept, dass eine bestimmte AdressatInnengruppe abzielt, sondern sie bezieht sich auf alle Menschen, die vor einer Bewältigungsaufgabe in einer kritischen Lebenssituation und -Konstellation stehen. Erst im weiteren Verlauf differenziert man zwischen Menschen, die die Hilflosigkeit thematisieren können und denen die dies nicht können (vgl. Böhnisch 2016a, S.23).

Gegenstand dieser Hausarbeit ist es anhand der Kristallisationspunkte die Theorie „Lebensbewältigung" von Lothar Böhnisch wiederzugeben und gegen Ende hin eine Reflexion darzubieten.

Zunächst wird in „Kapitel 1" die Theorie „Lebensbewältigung" anhand der Kriterien nach Füssenhäuser (2018) dargestellt. Das erste Kapitel wird in acht Unterthemen gegliedert und stellt die Kristallisationspunkte dar. Im zweiten Teil der Hausarbeit werde ich auf den aktuellen Diskurs der Theorie eingehen und im dritten und letzten Teil, werde ich mein Fazit schreiben.

1 Darstellung der Theorie anhand der Kriterien nach Füssenhäuser (2018)

In dieser Hausarbeit ist der Schwerpunkt/Gegenstand, die Auseinandersetzung mit Theorien anhand der Kristallisationspunkte von Füssenhäuser, dementsprechend ist es sinnvoll einleitend sich erstmal mit Theorien im Allgemeinen auseinanderzusetzen. In der Einleitung habe ich bereits oft den Begriff „Theorien" verwendet. Doch was sind überhaupt Theorien? Gibt es hierbei eine allgemeingültige Definition? welche Vorteile bieten diese uns in der Sozialen Arbeit? Und inwiefern lässt sich das Wort „Theoriepluralismus" definieren?

Theorien sind Hilfsmittel/Werkzeuge, die als Orientierung dienen, um sozial komplexe Probleme bereits in ihrem Ursprung klar und strukturiert definieren und erkennen zu können. (Amthor 2021, S. 931- 932) Dies dient der Reduktion von sozialen Problemen und soll helfen eine Rehabilitation der Handlungsfähigkeit zu gewähren. Dabei werden sowohl sozio-ökonomische als auch subjektive Einflüsse berücksichtigt. Zusammenfassend kann man also festhalten, dass eine Theorie das Fundament eines/r jeden SozialarbeiterIn ist, da es ein Zugang zum Professionellen Handeln bietet. (vgl. Füssenhäuser 2018, S. 1734 -1735)

Um nicht in eine einseitige methodologische Disziplin zu verfallen, sondern eine sich immer weiter entwickelte Sozialwissenschaft zu erlangen, ist es wichtig einen Theoriediskurs zu gewähren. Hierbei werden mehrere Theoriesichtweisen verglichen und anhand von Gemeinsamkeiten und Widersprüche thematisiert. Diese Gegenüberstellung von Theorien wird Theorienpluralismus genannt. (vgl. ebd.)

Die Kristallisationspunkte von Füssenhäuser sind ein Hilfsmittel, um Theorien besser verstehen zu können. Hierbei hat sie acht Kristallisationspunkte entwickelt. Im ersten Kristallisationspunkt wird der Gegenstand der Theorie bemerkt, also mit welcher Problematik beschäftigt sich die Theorie. Als zweites wird der Wissenschaftscharakter erforscht, hierbei geht es darum herauszufinden welche wissenschaftlichen Bezüge der/die Theoriker*in von anderen Theorien und Disziplinen herausgezogen hat, welche unterschiedlichen Traditionen dargeboten werde und in welchem Verhältnis sie zu anderen Theorien steht. Als drittes wird das Verhältnis zwischen Theorie und Praxis erörtert, also wie steht die Soziale Arbeit als Profession in der heutigen Gesellschaft, wie kann man Soziale Arbeit als Disziplin verstehen. Im vierten Punkt werden die *gesellschaftlichen und sozialen Rahmenbedingungen* der Theorie betrachtet, dass bedeutet hierbei wird auf die Charakterisierung der Gesellschaft geachtet und welche Funktion die soziale Arbeit aus dem Blickwinkel der Theorie innerhalb der Gesellschaft hat. Im fünften Punkt beschäftigt man sich mit *den Lebenslagen und Lebensweisen*, hierbei wird analysiert welchen sozio-ökonomischen Faktoren ist die Adressat*innengruppe ausgesetzt und welche Unterstützung kann durch die Soziale Arbeit bestimmt werden. Als nächsten Kristallisationspunkt beschreibt Füssenhäuser die *Analyse der Organisationen und Institutionen* der Sozialen Arbeit. Der siebte Kristallisationspunkt ist das *„Professionelle Handlungsmuster"*, hierbei wird innerhalb der unterschiedlichen Arbeitsfelder und Settings unterschieden. Abschließend beschreibt Füssenhäuser das auch die „Ethik" eine wichtige Rolle bei der Auseinandersetzung mit Theorien spielt. Hierbei wird geguckt auf welche sozialethischen Konzepte sich die Theorie bezieht und welche Ethischen Anforderungen stellt die Theorie gegenüber des Berufes bzw. in der Praxis. (vgl. ebd.)

1.1 Gegenstand

Um als Wissenschaftliche Theorie zu gelten, müssen mehrere Bedingungen erfüllt und geklärt sein. Dabei muss unteranderem auch der Gegenstand der Theorie bestimmt sein. Anders als in den anderen Wissenschaften gestaltet es sich bei den Sozial- und Geisteswissenschaften als schwierig den Gegenstand zu definieren. Klare Gegenstandsdefinitionen werden hierbei nämlich nicht gegeben (vgl. Lambers 2020, S.262-266).

Lothar Böhnisch definiert den Gegenstand der Sozialen Arbeit, als (Lebens-)Bewältigungsaufgabe die sich aus der "Diskrepanz zwischen dem Individuum und der Gesellschaft ergibt" (vgl. ebd., S. 117). Das bedeutet, jedes Individuum ist im Laufe seines oder ihres Lebens kritischen Lebenskonstellationen ausgesetzt. Lebenskonstellationen definieren sich dann als "kritisch", wenn die subjektive Handlungsfähigkeit gefährdet ist. (vgl. Böhnisch 2019, S. 20ff.) Doch wann ist man *nicht Handlungsfähig?* Psychosoziale Handlungsfähigkeit ist dann gefährdet, wenn es an sozialer Anerkennung, Selbstwirksamkeit und Selbstwert mangelt, die daraus entstehende Hilflosigkeit nicht thematisiert wird und zu Anti-sozialem Verhalten gegriffen wird um Anerkennung, Selbstwert und Selbstwirksamkeit trotz dessen zu erlangen. Hieraus kann ein Abspaltungsverhalten auftreten. Unter Abspaltung versteht den Böhnisch die eigene Hilflosigkeit damit zu kompensieren in dem die/der AdressatIn zu einer inneren oder äußeren Abspaltung greift, um dies zu kompensieren. Dabei äußert sich eine äußere Abspaltung darin, dass die betroffene Person ihre innere Bedrängnis kompensieren, indem sie beispielsweise physische oder psychische Gewalt an ihren Mitmenschen ausüben. Bei der inneren Abspaltung projiziert der einzelne die Hilflosigkeit auf sich selbst, dies nennt man auch „Dissoziation". Hierbei spricht Böhnisch davon, dass dies meist dazu dient durch extreme Verhaltensweisen wie beispielsweise eine Essstörung Aufmerksamkeit zu bekommen   Außerdem weist Böhnisch darauf hin, dass Bewältigungsverhalten geschlechterspezifisch ist. Während Frauen eher zu inneren Abspaltungsverhalten tendieren, Männer eher zum äußeren Abspaltungsverhalten (vgl. Böhnisch 2019, S. 20-25). Daraus kann man also entnehmen, dass ein Individuum (Lebens-)Bewältigungsfähig ist, wenn er/sie es trotz der mangelnden Ressourcen, schafft die kritische Lebenskonstellation zu überwältigen und eine Handlungsfähigkeit anstrebt(vgl. Böhnisch 2016b, S.11-21).

Die Soziale Arbeit soll dementsprechend, eine Hilfe bei der (Lebens-)Bewältigung und Emanzipation für Individuen darstellen, die das Problem allein nicht bewältigen können in Form von Empowerment, Milieubildung und Milieuentwicklung (vgl. Lambers 2020, S.270). Das Konzept von Böhnisch ist mehrdimensional ausgelegt. Dabei spricht er von drei Zonen des Bewältigungshandeln und unterscheidet hierbei zwischen dem Bewältigungsverhalten, den Bewältigungskulturen und den Bewältigungslagen.

1.2 Wissenschaftscharakter

Lothar Böhnisch bezieht sich in seiner Theorie "Lebensbewältigung", sowohl auf Sozio- als auch Psychologen. Sein Bewältigungsmodell entwickelte er mit Hilfe von den Psychologen und Psychotherapeuten Arno Gruen und Donald W. Winnicott. Gemäß Gruen resultiert die „Abspaltung" durch eine innere Hilflosigkeit, die nicht thematisiert werden kann.(vgl. Böhnisch 2016b, S. 48) Diese innere Hilflosigkeit und das Thematisieren dieser beschreibt er als Geschlechterspezifisch. Männern fällt das (nicht) Thematisieren schwerer als Frauen und greifen im Gegensatz tendenziell eher zu äußeren Abspaltungen(vgl. ebd. S.23) Winnicott bietet anhand seiner Erkenntnis, dass hinter dem antisozialem Verhalten eine verborgene Botschaft steckt, eine psycho-soziale Erklärung und somit ein Fundament für die Theorien. (vgl. ebd. S. 48) Böhnisch beschreibt Carl Mennicke als "Stammvater der modernen Sozialpädagogik/Sozialarbeit" und bezieht sich dementsprechend oft auf ihn (vgl. Böhnisch 2017, S. 23). Als weiteren wissenschaftlichen Bezug zu seiner Theorie, benennt er den Sozialpädagogen Emile Durkheim (1926). Hierbei inspirierte er sich an der Anomietheorie, welche die Diskrepanz zwischen gesellschaftlichen vorgegebenen Zielen und Erwartungen und der sozio-ökonomischen Möglichkeiten diese zu erreichen, als Ursache für abweichendes Verhalten sieht. Hierbei zieht Böhnisch eine parallele zur gegenwärtigen Konsumgesellschaft und beschreibt dies als „verdeckte Anomie Konstellation". Die kulturelle Struktur wird hierbei als Bewältigungsaufgabe definiert. (vgl. Böhnisch 2012, 220f.) Außerdem nimmt er in seiner

Theorie Bezug auf die Risikogesellschaft von Ulrich Beck und knüpfte an dieser an(1986). Des weiteren ließ er beim Gesamtmodell der Lebensbewältigung von der "Wiener Individualpsychologie" von Alfred Adler. (vgl. 2016a, S.48ff.) Darüber hinaus nahm er Anwendung am Coping-Konzept (vgl. ebd. S.121)

1.3. Theorie und Praxis Verhältnis

Das von Böhnisch entwickelte Konzept der Lebensbewältigung versteht sich als mehrdimensionales Theorie-Praxis-Modell der Sozialarbeit und Sozialpädagogik. Die Theorie hat als Aufgabe Hypothesen aufzustellen und zu entwickeln, die das Bewältigungsverhalten von Menschen in kritischen Lebenskonstellationen erläutern. Dabei stellen diese Erkenntnisse eine Handlungsanforderung an die Soziale Arbeit da (vgl. Böhnisch 2018, S.11).

Das Konzept bietet uns dementsprechend, sowohl eine Erläuterung für das abweichende Verhalten einzelner AdressatInnen als auch methodische zielgerichtete Interventionen. Hierbei spielt nicht nur die psychische Dimension des Menschen eine wichtige Rolle, sondern auch die soziodynamische und gesellschaftliche Sphäre, die den Menschen umgibt. Darüber hinaus argumentiert Böhnisch, dass seine Theorie für die Praxis von Nutzen ist, da die AdressatInnengruppe der sozialen Arbeit hauptsächlich Menschen umfasst, die in einer kritischen Lebenssituation sind und diese nicht selbst bewältigen können. (vgl. Böhnisch 2019, S.112)

1.4 Gesellschaftliche und soziale Rahmenbedingungen

Böhnisch greift, um die gesellschaftlichen Rahmenbedingungen der Sozialen Arbeit zu definieren, auf mehrere Theorieansätze zurück. Hierbei stützt er sich unteranderem auf die Anomietheorie von Emile Durkheim. Dieser kam bereits im 19. Jahrhundert, zu der Erkenntnis, dass die Arbeitsteilung einen Mitwirkfaktor zur Gesellschaftlichen Entwicklung beiträgt. Die Arbeitsteilung führte dazu, dass sich die Gesellschaft Individualisierte. Berufe wurden immer weiter spezialisiert, sodass soziale Beziehungen darunter litten. Die Arbeitsteilung müsste jedoch auch zu mehr sozialer Integration führen, da die Menschen durch stärker werdende Individualisierung parallel stärker aufeinander angewiesen sind, um sozial existieren zu können(vgl. Böhnisch 2012, S. 220f.).

Desweiteren beruft er sich auf Carl Mennicke, der bereits im Wandel der Moderne auf die Erkenntnis kam, dass die Struktur der modernen arbeitsteiligen Industriegesellschaft der Ursprung sozialer Desintegration ist. Hierbei entwickelte sich ein Bewusstsein dafür, dass der Übergang in die moderne Gesellschaft den einzelnen einerseits freisetzen anderseits auch überfordern kann. Da sie zum einen aus den traditionellen und vorstrukturierten Lebensmustern freigesetzt werden anderseits jedoch nicht vermitteln, wozu sie frei sind und ihnen keinen sozialen Ort bieten in denen sie durch ihre Freiheiten gefestigt und das Gefühl von Sicherheit bekommen(vgl. Böhnisch 2012, S.221). Freisetzungsprozesse gehen dementsprechend immer mit Entgrenzungen einher(vgl. Böhnisch, S. 97). Ulrich Beck knüpfte sich der These zur Desintegration, anhand seines Konzept der „Risikogesellschaft" an.

Böhnisch führte dies aus und spricht von zwei sozialpädagogischen Grundproblemen, aus denen sich die Bedeutung Sozialer Arbeit ergibt: "Die identitäts- und Biographie gefährdenden Brüche in den Lebenswelten und die gesellschaftlich riskante Individualisierung."(vgl. Böhnisch 2012, S. 221)

Im Mittelpunkt der gegenwärtigen Sozialarbeit steht laut Böhnisch der gesellschaftliche Wandel der zweiten Moderne, dem die Menschen verstärkt unterlegen sind. Die zweite Moderne ist dabei geprägt von Pluralisierung von Lebensformen, Individualisierung und Entgrenzung. Der Sozialstaat ist im Zeitalter des digitalen Kapitalismus, der sich technologisch selbst ausbaut, in eine neue Krise geraten (vgl. Böhnisch/Schröer 2013, S. 11). Der Sozialstaat muss die Standortvorteile der Nationalökonomie für den globalisierten Wettbewerb subventionieren und erhält im Gegenzug weniger Steuern und immer mehr Arbeitslose. Die Wirtschaft ist nicht mehr abhängig von der Massenarbeit, trotzdem muss der Staat als demokratischer Rechtsstaat für alle Bürger sorgen (vgl. Böhnisch 2018, S. 31). Durch den digitalen Kapitalismus enttraditionalisiert sich die Gesellschaft, indem verfestigte Strukturen sich auflösen und Normalitätsvorstellungen schwinden. Hierbei stellt sich, die Freisetzung von Individuen hervorgerufene Verunsicherung und Orientierungslosigkeit als zentrale gesellschaftliche Bewältigungsaufgabe dar (vgl. Böhnisch/Schröer 2013 S.11 f.). Dabei sind Menschen im Spannungsverhältnis zwischen Arbeit und Kapital auf sich gestellt „ Der Mensch der Zweiten Moderne lebt nur selbstverantwortlich zwischen Chance und Risiko, Lebenslagen sind prinzipiell zu Risikolagen geworden" (vgl. Böhnisch 2018, S. 31). Infolgedessen hat die Sozialarbeit die Aufgabe, Menschen, die von der Gesellschaft mutmaßlich nicht gebraucht werden, sichtbar zu machen und ihnen professionell zu helfen. Da Arbeit nicht mehr als "sinnstiftendes Mittel für das Leben" gesehen wird, muss eine alternative gefunden werden (vgl. Engelke et al. 2018, S. 468).

Der Staat entwickelte sich zum Sozialstaat, um die Arbeitsteilung sozial auszugleichen. Er sah sich dazu verpflichtet, die aus den Desintegrationsprozessen resultierenden psychosozialen Bewältigungsprobleme, durch die Soziale Arbeit behandeln zu lassen. (vgl. Hammerschmidt, Aner 2022, S. 205)

1.5 Lebenslagen und Lebensweisen der Adressat*Innen

Das Konzept der Lebensbewältigung bezieht sich nicht nur auf eine gesonderte Gruppe, welche in einer kritischen Lebenssituation sind, sondern auf alle Menschen. Böhnisch bezieht sich in seinen Werken auf alle Lebensphasen (vgl. Böhnisch, S. 23) Individuen werden dann zur AdressatInnen der Sozialen Arbeit, wenn sie nicht dazu fähig sind, ihre Hilflosigkeit in kritischen Lebenskonstellationen zu thematisieren und daraus resultierend zu antisozialem oder selbstdestruktiven Verhalten greifen. Diese Verhaltensweise ist in allen sozialen Schichten auffindbar (vgl. Böhnisch 2018c, S. 26). Dabei kann ein Abspaltungsdruck entstehen. Die Lebensbewältigung wird insbesondere durch die Lebenslage des Individuums beeinflusst (vgl. Böhnisch 2018c, S. 30). Die Lebenslage ist ein sozialwissenschaftliches Konstrukt, dass den Zusammenhang zwischen gesellschaftlichen Entwicklungen und der jeweiligen sozialen Spielräume in denen das Leben, biografisch unterschiedlich bewältigt werden kann, beschreibt. AdressatInnen sind stätig von der Lage des Sozialstaates abhängig. Betreibt der Sozialstaat soziale Gestaltungspolitik, welche die Menschen encouragiert und auf ihre sozialen Ansprüche eingeht, wirkt sich dies positiv aus. Anderseits kann der Sozialstaat auch durch fiskalische Krisen, dies bedeutet, es werden, wenn sich die Wirtschaft in der Erholungsphase befindet, die Staatskosten unteranderem durch Abbau von Sozialleistungen abgebaut, sich negativ auswirken. Hierbei sind gerade AdressatInnen der Sozialarbeit betroffen, da sie auf diese Sozialleistungen angewiesen sind. Das bedeutet, dass die Lebenslage sowohl Verwehrungs- als auch Ermöglichungskontexte darstellt. Sie zeigen die Verbindungen der sozio-ökonomischen Strukturen/Lebensverhältnissen und soziokultureller Vernetzung und den damit einhergehenden Möglichkeiten und Chancen. Auf der anderen Seite zeigen jedoch auch die Risiken und die Grenzen, die damit einhergehen, wenn Ansprüche zurückgewiesen werden und dem einzelnen zu viel zugemutet wird. Somit stellt die Lebenslage die objektiven Bedingungen da, in denen AdressatInnen sich befinden. Lebenslagen und Bewältigungsverhalten sind miteinander verbunden, Faktoren wie unzureichende Bildung, beengte Wohnverhältnisse, haben sowohl einen Einfluss auf die Bewältigungsressourcen als auch auf das Bewältigungsverhalten. In sozialbenachteiligten Milieus entsteht ein Abspaltungsdruck. Die Soziale Arbeit agiert nur beschränkt sozialstrukturell, sondern personenbezogen, da sie nur bedingt zentrale Spielräume der Lebenslage, wie beispielsweise das Einkommen, die Rechte oder die Wohnsituation verändern kann und Einfluss darauf hat. Trotzdem erlangt man notwendiges und wichtiges Hintergrundwissen über das Individuum über das lebenslagenbezogene strukturelle Wissen (vgl. Böhnisch 2018c, S. 98 ff.).

Böhnisch beschreibt in seiner Theorie, dass der Sozialen Arbeit folgende Mittel zur Intervention zur Verfügung stehen: Sprache, Beziehungen, Zeit und Raum. (vgl. Böhnisch, 2016a, S. 94) (vgl. Böhnisch 2018c, S. 33)

1.6 Organisation und Institutionen

Sowohl die Sozialpädagogik als auch die Sozialarbeit sind eine gesellschaftlich institutionalisierte Reaktion auf psychosoziale Bewältigungsprobleme, welche aus der gesellschaftlich ausgelösten sozialer Desintegration hervorgeht (vgl. Böhnisch 2012, S. 219)

Aufgrund der Tatsache, dass in Böhnischs Theorie vor allem die Hilfe zur Lebensbewältigung als Aufgabe und Gegenstand der Sozialen Arbeit im Vordergrund steht, wird die Dimension der Organisation und der Institutionen im Bewältigungskonzept in den Hintergrund gestellt und von Böhnisch nicht weitestgehend vertieft.

1.7 Professionelle Handlungsmuster

Böhnisch beschreibt, wie bereits im Theorie und Praxis Verständnis erläutert, dass sozialpädagogische Theorien nicht nur Zusammenhänge erläutert, sondern auch Handlungsaufforderungen aufweisen, welche uns methodische Zugänge bieten können. Die Sozialpädagogik konzentriert sich auf Menschen, die sich in einer kritischen Lebenskonstellation befinden und nach Handlungsfähigkeit streben. Ihr Bewältigungsverhalten wird durch antisozialem und/oder selbst destruktivem Verhalten geprägt. Ziel der sozialpädagogischen Interventionen ist es, psychosoziale Handlungsfähigkeiten wiederherzustellen (vgl. Böhnisch 2019, S. 112) Dabei sind die folgenden Aufgeführten Handlungsmuster von Bedeutung.

Akzeptierende Haltung

Eine elementare Komponente für eine bewältigungsorientierte Soziale Arbeit, ist eine akzeptierende Haltung. PädagogInnen müssen das Verhalten des Adressaten akzeptieren und ihnen dementsprechend begegnen. Hiermit ist gemeint, dass sie neugierig bezogen auf die Persönlichkeit des Adressaten bleiben. Dies bedeutet jedoch nicht, dass sie das Verhalten für gutheißen müssen. Fundamental ist es jedoch sich bewusst zu werden, dass es für sie das einzig verbliebende Mittel um Anerkennung, Aufmerksamkeit und Selbstwert zu erlangen. Dementsprechend soll das Verhalten nicht verurteilt werden, erlaubt ist es jedoch trotzdem zu zeigen, dass das Verhalten befremdlich ist. Dies wird von Böhnisch auch als moralischer Konflikt, der innerhalb eines PädagogInnen geschieht, beschrieben. Aufgabe der Fachkraft ist es, Möglichkeiten zu schaffen, welche den AdressatInnen soziale Akzeptanz und Selbstwert vermittelt, beispielsweise durch funktionale Äquivalenzen. (vgl. ebd. S.114f.). => Radikale Rechte

Da die Verhaltensweisen der Betroffenen in ihrer kritischen Lebenssituation nicht immer logisch zu verstehen ist, bedarf es eines bewältigungsdynamisches Verständnisses, das die Wahrnehmung von Abspaltungsdynamiken und Anerkennungs- und Selbstwertproblemen zulässt (vgl. Böhnisch 2019, S. 116). Generell müssen laut Böhnisch auch Beratungskonzepte geschlechtersensibel gestaltet werden, damit ein akzeptierender und aktivierender Umgang mit den AdressatInnen stattfinden kann (2018, S. 307). Im Rahmen der Interventionsebene sind außerdem geschlechtshomogene Gruppensitzungen möglich, in denen Frauen und

Männer im Rahmen von erlebnispädagogischen Projekten ihre Anliegen mit Gleichgeschlechtlichen thematisieren können (vgl. Böhnisch 2019, S. 136).

Funktionale Äquivalenzen

Durch funktionalen Äquivalenzen versuchen Fachkräfte der Sozialen Arbeit Settings und Möglichkeiten zu gestalten, in denen AdressatInnen Gelegenheiten vorfinden, in denen sie Selbstwert, Anerkennung und Selbstwirksamkeit ohne normabweichendem Verhalten erreichen. Ausschlaggebend bei der Schaffung und Gestaltung von funktionalen Äquivalenzen ist es eine ähnliche Eigenschaft wie die gewohnte destruktive Handlung zu beinhalten. . Das bedeutet, wenn ein oder eine Jugendliche/r seine Anerkennung durch gewalttätige Handlungen gewinnt, wäre eine Sportart mit Körpereinsatz sinnvoll, wie beispielsweise Boxen. Hierbei jedoch als divergent gebremst durch Regeln und Strukturen. Dennoch muss berücksichtigt werden, dass bei der Methode der funktionalen Äquivalente zunächst der emotionale Aspekt des Problems behandelt. Anschließend, wenn die Person merkt, dass sie das destruktive Verhalten nicht mehr für ihre Handlungsfähigkeit braucht, folgt der Schritt Zur Thematisierung (vgl. ebd. S. 127f.).

Reframing

Als Methode, um das aufgezeigte selbstzerstörerische und/oder antisoziale Verhalten in ein anderes Licht zu rücken, es umzudeuten und an mögliche Stärken anzuknüpfen, verweist Böhnisch auf die Perspektive des Reframings. Dies geschieht auf der Grundlage der Annahme, dass die Betroffenen ihre Situation nur dann bewältigen können, wenn es der Sozialen Arbeit gelingt, ihnen Räume zu eröffnen, in denen sie Anerkennung erfahren und damit Distanz zu ihren bisherigen Verhältnissen schaffen können (vgl. Böhnisch, 2019, S. 106-119).

Milieubildung

Mit dem methodischen Herangehen der Milieubildung können weitere Hilfebeziehungen geschaffen werden. In sozialpädagogischen Projektumgebungen können die Betroffenen Unterstützung und Entlastung erfahren, welche sie vor dem Rückfall in frühere regressive Bewältigungsmuster bewahren kann (vgl. Böhnisch 2019, S. 128). Erst wenn der Zugang zur inneren Befindlichkeit des Adressaten gefunden ist, kann sich der oder die SozialarbeiterIn aktiv in den Hilfeprozess einbringen und Empowerment zu einem Gegenstand machen (vgl. Böhnisch 2019, S. 125). Durch die Anerkennung und Akzeptanz wird eine Bewältigungssituation geschaffen, in der Hilflosigkeit thematisiert werden kann (vgl. Böhnisch 2016a, S. 121) Hilflosigkeit darf und kann thematisiert werden (ebd.). Die Sozialpädagogik kann ihren Adressaten helfen, ihre Interessen zu benennen, geeignete Milieus zu finden und ihnen und sie zu befähigen, Anschluss zu finden (ebd.).

Gemeinwesenorientierung

Eine weitere Handlungsaufforderung zur Lebensbewältigung, die sich auf der Interventionsebene befindet, ist die Gemeinwesenorientierung. Diese ermöglicht es, die soziale Integration in regionalen Räumen zu fördern, sozial benachteiligte Gruppen zu aktivieren und bei Konflikten zwischen Jugendlichen und Erwachsenen, um die Aneignung des öffentlichen Raums zu vermitteln (vgl. Böhnisch 2019, S. 130-132).

Des Weiteren gehören Aktivieren, Geschlechtsreflexivität, Diversität, das Fallverstehen, die Beratung und die Krisenintervention zu Methoden und Arbeitsprinzipien, die für eine professionelle Haltung elementar sind (vgl. Böhnisch 2019, S. 107-127).

1.8 Ethische Fragestellung

Menschenwürde gilt nach Böhnisch auch in der Sozialen Arbeit an oberster Stelle. Hierbei sollte dies immer beim sozialpädagogischen Handeln gewahrt werden. Dabei umschreibt dies noch nicht die sozialpädagogische Berufsethik. Diese ist vielmehr dadurch gekennzeichnet, dass sie sowohl eine beziehungsorientiere Verantwortungsethik und eine gesellschaftlich orientierte Sozialethik sein muss. Diese beiden Ethikformen greifen ineinander. Um dies ausüben zu können, wird eine Auffassung darüber gebraucht, was ein besseres Leben ist. Hierbei bietet er uns rückgebunden auf den europäischen Sozialstaat, eine Erklärung des besseren Leben, da es historisch-empirisch rückbeziehbar ist und eine Relation „darstellbar ist, während der Begriff des „guten Lebens" eher programmatisch gesetzt ist."(vgl. Lothar Böhnisch 2019, S. 186ff.) Der Begriff "besseres Leben" bezieht sich auf soziale Ungleichheit, unterschiedliche Lebenschancen und unterschiedliche Niveaus der sozialen Teilhabe. Diese Faktoren finden sich im gesellschaftlichen Gerechtigkeitsdiskurs wieder. Für die Wahrnehmung von Gerechtigkeit oder Ungerechtigkeit ist die Erfahrung von Desintegration und Ausgrenzung relevanter als der Vergleich mit anderen sozialen Gruppen. Eine Art "Grundgerechtigkeit" ist gegeben, solange sozial Benachteiligte auf eine sozialpolitische Hintergrundsicherheit zurückgreifen können. Der Gerechtigkeitsbegriff ist jedoch nicht nur gesellschaftlich zu verstehen, sondern auch in Bezug auf die einzelnen Personen. Böhnisch verweist hierzu auf die "Befähigungsgerechtigkeit" aus dem Capability-Ansatz (vgl. ebd., S. 189ff.)

Kritische Auseinandersetzung mit der Theorie

Böhnischs Lebensbewältigungskonzept wird mit sowohl Lob als auch Kritik konfrontiert innerhalb des sozialpädagogischen Diskurs. Mit dem Verständnis zu den Lebenslagen eines

Adressaten hat er ein gesellschaftspolitisch-soziologisches Konzept in die sozialpädagogische Theorieentwicklung eingebracht, das mit seiner Unterscheidung zwischen objektivierbaren Handlungsspielräumen und deren subjektiver Auffassung einen geeigneten Untersuchungsrahmen für (sozial-)pädagogische Fragen nach den Handlungsmöglichkeiten und -beschränkungen von Adressaten und Professionellen bietet und individualisierenden Verantwortungszuschreibungen paradigmatisch entgegenwirkt (vgl. Hammerschmidt, Aner 2022, S. 132ff.). Allerdings wird die Lebensbewältigungstheorie von Böhnisch auch stark kritisiert. Insbesondere im Hinblick auf die Reformulierung des Anomie-Paradigmas. Dabei wird Böhnisch vorgeworfen, dass er, obwohl er dualistische Konzepte kritisiert, durch die von ihm ständig geforderte Balance selbst in eine dualistische Argumentation verfallen ist. (vgl. May 2009, S.65f.). Darüber hinaus kritisiert Zimmermann insbesondere den unzureichend behandelten Begriff der "sozialen Anerkennung". Böhnisch geht zwar darauf ein, aber die damit einhergehenden Fragen, wie soziale Anerkennung systematisiert werden kann und wie sie auf verschiedenen Ebenen, sowohl auf individueller als auch auf struktureller Ebene, vermittelbar ist, bleiben ungeklärt (vgl. Zimmermann 2015, S. 65f.). Des Weiteren greift Böhnisch das Thema "Migration" zwar in verschiedenen Publikationen auf, bezieht sich hierbei jedoch auf heterogene stereotypen in Bezug auf MigrantInnemilieus. Dies beispielsweise, indem er das Bewältigungsverhalten von türkischstämmigen und muslimischen Jugendlichen, als zwanghaft überhöhte Männlichkeit beschreibt". Hierbei bleibt der bei der Formulierung undifferenziert (vgl. Schührer 2019, S. 97)

Fazit

Summierend lässt sich festhalten, dass die Lebensbewältigungstheorie sich gut auf die Kristallisationspunkte von Cornelia Füssenhäuser anwenden lassen. Das Konzept der Lebensbewältigung versteht sich als ein mehrdimensionales Theorie-Praxis-Modell der Sozialarbeit und Sozialpädagogik. Die Theorie hat die Aufgabe, Hypothesen aufzustellen und zu entwickeln, die die Verhaltensweisen von Menschen in kritischen Lebenskonstellationen erklären. Dabei stellen diese Erkenntnisse einen Handlungsbedarf für die Soziale Arbeit dar. Lothar Böhnischs ist dabei sowohl gesellschaftskritisch und einbeziehend. Nach Böhnisch besteht die Grundkompetenz der Sozialen Arbeit darin, Hilfe zur Lebensbewältigung im Spannungsfeld zwischen Individuum und Gesellschaft zu leisten. Jede sozialarbeiterische Intervention sollte darauf ausgerichtet sein, den Selbstwert, die soziale Anerkennung und die Selbstwirksamkeit der Adressaten wiederherzustellen.

Literaturliste

Amthor, Ralph-Christian et al. (2021): Kreft/Mielenz Wörterbuch Soziale Arbeit: Aufgaben, Praxisfelder, Begriffe und Methoden der Sozialarbeit und Sozialpädagogik. 9. Aufl. Weinheim.

Böhnisch, Lothar (2012): Lebensbewältigung. In: Werner, Thole (Hrsg.): Grundriss Soziale Arbeit. 4. Aufl. S.219-233

Andreas Walther et al. (2016): Theorie und Forschung zur Lebensbewältigung. Weinheim.

Böhnisch, Lothar/Schröer, Wolfgang (2013): Soziale Arbeit – eine problemorientierte Einführung. Bad Heilbrunn.

Böhnisch, Lothar. (2016a): Lebensbewältigung. Ein Konzept für die Soziale Arbeit. Weinheim.

Böhnisch, Lothar (2016b): Der Weg zum sozialpädagogischen und sozialisationstheoretischen Konzept Lebensbewältigung. In: Litau, John et al. (Hrsg.): Theorie und Forschung zur Lebensbewältigung. Methodologische Vergewisserungen und empirische Befunde. Weinheim. S. 18-38.

Böhnisch, Lothar (2017): Sozialpädagogik der Lebensalter. Weinheim.

Böhnisch, Lothar (2018): Lebensbewältigung. Ein Konzept für die Soziale Arbeit. Weinheim.

Böhnisch, Lothar (2018b):Sozialpädagogik der Lebensalter. Weinheim.

Böhnisch, Lothar (2019): Lebensbewältigung. ein Konzept für die Soziale Arbeit. Weinheim

Engelke, Ernst/Borrmann, Stefan/Spatscheck, Christian (2018): Theorien der Sozialen Arbeit. Eine Einführung. 7.Aufl. Freiburg im Breisgau.

Füssenhäuser, Cornelia (2018): Theoriekonstruktion und Positionen der Sozialen Arbeit. In: Otto, Hans-Uwe/Thiersch, Hans/Treptow, Rainer/Ziegler, Holger (Hrsg.): Handbuch Soziale Arbeit: Grundlagen der Sozialarbeit und Sozialpädagogik. 6 Aufl. München und Basel. S. 1734-1747.

Hammerschmidt, Peter; Aner, Kirsten (2022): Zeitgenössische Theorien der Sozialen Arbeit 3. Aufl. Weinheim.

Lambers, Helmut (2020): Theorien der Sozialen Arbeit ein Kompendium und Vergleich. Opladen und Toronto.

May, Michael (2009): Aktuelle Theoriediskurse Sozialer Arbeit. Eine Einführung. 2.Aufl. Wiesbaden

Schührer, Anne-Katrin (2019): Migration und Engagement. Zwischen Anerkennung, Lebensbewältigung und sozialer Inklusion. Wiesbaden.

Zimmermann, Germo (2015): Anerkennung und Lebensbewältigung im freiwilligen Engagement. Eine qualitative Studie zur Inklusion benachteiligter Jugendlicher in der Kinder- und Jugendarbeit. Bad Heilbrunn.